Sabine Kalwitzki

Zwei Piraten auf Schatzsuche

Illustrationen von Silvio Neuendorf

Inhalt

Flaschenpost

„Dunnerlitz, was ist denn das?“,
ruft Käpten Colombo erstaunt.
Er zeigt auf eine Flasche,
die auf den Wellen schwimmt.
„Sieht ganz nach einer
Flaschenpost aus, Käpten, Sir!“,
antwortet Stoppelbart,
der am Steuerrad des Schiffes steht.

Käpten Colombo ist ein mutiger Pirat.
Stoppelbart ist nicht ganz so mutig.
Dafür hat Stoppelbart immer Hunger.

LESE-RÄTSEL

Kreise ein, was Käpten Colombo im Wasser entdeckt hat.

Käpten Colombo holt seine Angel und fischt die Flasche aus dem Wasser. In der Flasche steckt ein Stück Papier. Es ist vergilbt und sehr zerknittert. „Ich fress einen Bären, wenn das keine Schatzkarte ist!“, ruft Stoppelbart aufgeregt.

Vorsichtig faltet Käpten Colombo die Karte auseinander. Die Karte zeigt eine Insel, Palmen und eine Höhle. Ein dicker Pfeil deutet direkt auf den Eingang der Höhle.

LESE-RÄTSEL

Worauf zeigt der Pfeil in der Schatzkarte?
Unterstreiche die richtige Antwort.

Der Pfeil zeigt auf den Höhleneingang.

Der Pfeil zeigt auf ein Honigkuchenpferd.

Der Pfeil zeigt auf eine Hochzeitskutsche.

Die Schatzkarte

„Ich krieg die Motten!“,
jubelt Käpten Colombo.
„In der Höhle ist bestimmt
ein wertvoller Schatz versteckt!“
„Oder eine Kiste mit Goldtalern!“,
meint Stoppelbart.

„Vielleicht sogar Diamanten!“,
vermutet Käpten Colombo.
„Und dann sind wir reich!“,
freut sich Stoppelbart
und macht dabei einen Luftsprung.

Was würden die beiden Piraten gerne auf der Insel finden? Kreuze an.

„Ich hab einen Bärenhunger“,
sagt Stoppelbart plötzlich.
Immer wenn er aufgeregt ist,
knurrt nämlich sein Magen
so laut wie ein wilder Bär.

„Geht nicht!“, meint Käpten Colombo.
„Wir müssen erst den Schatz suchen!
Leinen los, Stoppelbart!
Setz die Segel!
Wir finden den Schatz,
auch wenn wir dafür
bis ans Ende der Welt
schippern müssen!“

LESE-RÄTSEL

Ein Tierbild passt gut zu Stoppelbarts knurrendem Magen. Male es aus.

Schiff, ahoi!

Sieben Wochen, sieben Tage
und sieben Nächte lang
sind die beiden Piraten
auf dem Meer unterwegs.

Sie überstehen einen großen Sturm.
Sie kämpfen mit wilden Seeräubern.
Sie segeln durch haushohe Wellen.
Sie verjagen eine fiese Seeschlange.
Aber sie geben nicht auf.
Denn sie wollen den Schatz finden
und richtig reich werden.

LESE-RÄTSEL

Welches Bild passt nicht zur Geschichte auf Seite 10? Streiche es durch.

„Land in Sicht!“,
ruft Stoppelbart endlich.
Er steht auf dem Ausguck
und hat mit seinem Fernrohr
eine Insel entdeckt.

„Schatzinsel, wir kommen!“,
freut sich Käpten Colombo.
Aber dann stutzt er.
Weiße Rauchwolken steigen
von der Insel auf.
„Au Backe!“, stöhnt Stoppelbart.
„Wir sind nicht alleine hier, Käpten.
Das kann gefährlich werden!“

Was stimmt in diesem Bild nicht?
Kreise den Fehler ein.

Die Schatzinsel

Es gibt gar keinen Zweifel!
Auf der Schatzinsel sind Menschen!

„Bestimmt sind das nur Urlauber“,
beruhigt sich Stoppelbart.
„Oder harmlose Tierforscher“,
beruhigt sich Käpten Colombo.
„Oder aber Menschenfresser“,
haucht Stoppelbart
und wird plötzlich ganz blass.
„Ob wir denen wohl gut schmecken?“
Stoppelbarts Knie zittern.

LESE-RÄTSEL

Wovor hat Stoppelbart Angst?

Kreuze das richtige Bild an.

„Quatsch keinen Unsinn, Stoppelbart!“,
schimpft Käpten Colombo.
„Wer will dich schon fressen!
Dein Stoppelbart schmeckt
viel zu kratzig!
Wir brauchen einen Plan, Stoppelbart!
Mach mal einen Vorschlag!“

„Wir könnten wieder heimfahren
und ins Schwimmbad gehen“,
schlägt Stoppelbart vor.
„Totaler Käse!“,
meckert Käpten Colombo.
„Streng mal deine grauen Zellen an!“

Wohin möchte Stoppelbart?
Unterstreiche den richtigen Satz.

Stoppelbart will ins Schwimmbad.

Stoppelbart möchte zum Eislaufen.

Stoppelbart will nach Amerika fahren.

Gefährlicher Plan

„Ich hab's!", schreit Stoppelbart plötzlich so laut, dass Käpten Colombo vor Schreck zusammenzuckt. „Wir essen erst mal einen Happen!"

Käpten Colombo verdreht die Augen. „Und nach dem Essen, Stoppelbart?" „Da machen wir ein Nickerchen!", freut sich Stoppelbart schon. „Und nach dem Nickerchen?" „Da trinken wir Tee mit Kandiszucker!" Käpten Colombo wird ungeduldig.

LESE-RÄTSEL

Was schlägt Stoppelbart vor? Ordne die Bilder, und schreibe die Zahlen von 1 bis 3 dazu.

„Du willst wohl nach dem Tee
auch noch Wäsche waschen
und Schuhe putzen, was?“,
schreit Käpten Colombo laut los.
„Mann, du bist doch ein Pirat
und keine alte Tante!“

„Aber jetzt hab ich’s wirklich,
Käpten, Sir!“, ruft Stoppelbart.
„Wir warten auf die Dunkelheit
und gehen dann unbemerkt an Land.
Wir suchen schnell den Schatz
und verschwinden wieder.“
Nun nickt der Käpten zufrieden.

Welche Bilder und Wörter passen zum Text der linken Seite? Kreuze an.

Tee

Wäsche

Schuhe

Pirat

alte Tante

Segelboot

Palme

Schatz

Nun geht's los!

Es ist dunkle Nacht,
als Stoppelbart und der Käpten
mit Taschenlampen von Bord gehen.

Geräuschlos schleichen sie
den Strand entlang
bis zu einem großen Felsen.
„Hier sind wir richtig",
raunt Käpten Colombo,
der die Schatzkarte vor sich hat.
„Dort bei der Palme muss
die Schatzhöhle sein!"

Wo liegt die Schatzhöhle?
Zeichne einen Pfeil zu ihrem Eingang.

Der Eingang zur Schatzhöhle ist von Gestrüpp überwuchert. Drinnen ist es stockdunkel. Eine Spinne krabbelt schnell über Stoppelbarts Arm. Fast hätte er laut geschrien. Aber Käpten Colombo hält ihm gerade noch rechtzeitig den Mund zu. Warnend schaut er Stoppelbart an.

Da ertönt plötzlich ein lautes, schreckliches Grollen. Schauerlich hallt es in der Höhle von den felsigen Wänden wider.

LESE-RÄTSEL

Welches Tier erschreckt Stoppelbart?
Kreise es ein.

In der Höhle

„Wa..., wa..., was war denn das?",
japst Käpten Colombo erschrocken.
„Tschuldigung, Käpten, Sir!",
antwortet Stoppelbart.
„Das war nur mein Magen!
Ich hätte da so ein leichtes Hungergefühl."

Käpten Colombo ist außer sich vor Wut.
„Ist dir klar, dass du uns gerade
die Menschenfresser
auf den Hals gehetzt hast?
Die wissen jetzt, dass wir hier sind!"

LESE-RÄTSEL

Ein Satz ist falsch. Streiche ihn durch.

Käpten Colombo ist wütend.

~~Der Käpten hat Hunger.~~

Stoppelbarts Magen knurrt.

„Jetzt aber schnell!“,
treibt Käpten Colombo zur Eile an.
„Wir müssen den Schatz finden,
bevor sie uns auf die Spur kommen!“

Hastig folgen die beiden Piraten
dem dunklen Gang.
Er führt tief in die Höhle hinein.
Sie steigen glitschige Stufen hinab.
Plötzlich stehen sie
vor einer hölzernen Tür.
Die Tür ist fest verschlossen.
Ein Schlüssel ist nicht zu sehen.
Aber ein Pfeil ist ins Holz geschnitzt.

LESE-RÄTSEL

In diesem Bild gibt es einen Fehler.
Kreise ein, was nicht stimmt.

Überraschung!

Irgendwo muss der Schlüssel doch sein!
Die beiden Piraten suchen und suchen.

Da hat Stoppelbart eine Idee:
Vielleicht weist ihnen der Pfeil
auf der Tür den Weg zum Schlüssel.
Der Pfeil zeigt nach oben.
Und richtig: Genau über ihren Köpfen
baumelt an einer Schnur der Schlüssel.
Käpten Colombo zittert vor Aufregung,
als er den Schlüssel ins Schloss steckt.
Langsam dreht er den Schlüssel um.

Welcher der drei Schlüssel ist der richtige?
Kreise ihn ein.

Knarrend öffnet sich die schwere Tür.
Die beiden Piraten lassen
den Schein ihrer Taschenlampen
durch den Raum gleiten.
Käpten Colombo und Stoppelbart jubeln,
als sie eine große Truhe entdecken.
„Mach sie endlich auf!“,
drängt Stoppelbart den Käpten.

In der Truhe liegt ein Zettel.
Darauf steht: „Da seid ihr ja endlich!
Herzliche Grüße! Die Menschenfresser!“
Stoppelbart wird blass um die Nase.
„Die haben uns reingelegt!“, flucht er.

LESE-RÄTSEL

Wer hat den Zettel geschrieben?
Kreuze das richtige Bild an.

Nichts wie weg!

Im selben Moment hören der Käpten
und Stoppelbart laute Schritte.
„Sie kommen! Versteck dich!“,
schreit Stoppelbart entsetzt.
Die beiden Piraten zwängen sich
schnell in eine Felsspalte.
Sie wagen nicht zu atmen.
Da wird die Holztür aufgestoßen.

Wilde Krieger stürmen in den Raum.
Käpten Colombo und Stoppelbart
schwitzen heftig vor Angst.

LESE-RÄTSEL

Zeige den beiden Piraten mit einem Pfeil ihr Versteck.

„Hier sind sie!“, schreit plötzlich der Menschenfresserhäuptling und zerrt die Piraten aus ihrem Versteck.

Da passiert es: Stoppelbarts Magen beginnt vor Aufregung zu knurren. Laut und wild wie ein Bär!
So etwas Schreckliches haben die Krieger noch nie gehört.

„Tut uns nichts, wilde Bärenmänner!“, flehen sie ängstlich.
Stoppelbart reagiert blitzschnell.
„Wenn ihr euch rührt, fress ich euch!“, brüllt er die wilden Krieger an.

LESE-RÄTSEL

Welcher Krieger hört nicht auf Stoppelbart?
Kreise ihn ein.

Glück gehabt!

Die Krieger bleiben stocksteif stehen.
So schnell sie können,
rennen Käpten Colombo und Stoppelbart
zu ihrem Schiff und stechen in See.

„Gerade nochmal Schwein gehabt!“,
japst Käpten Colombo außer Atem.
„Die nächste Schatzkarte
schmeißen wir aber ins Meer zurück!“
„Genau!“, lacht Stoppelbart.
„Und jetzt essen wir endlich einen Happen
und trinken Tee mit Kandiszucker!“

LESE-RÄTSEL

Was brauchen die beiden Piraten jetzt?
Male es auf das Tischchen.

Lösungen

Seite 3: Käpten Colombo hat im Wasser eine Flaschenpost entdeckt.

Seite 5: Der Pfeil zeigt auf den Höhleneingang.

Seite 7: Die Piraten möchten auf der Insel einen wertvollen Schatz, eine Kiste mit Goldtalern oder Diamanten finden.

Seite 9: Stoppelbarts Magen knurrt laut wie ein wilder Bär.
Das Bild mit dem Bären passt.

Seite 11: Dieses Bild passt nicht zur Geschichte: Stoppelbart verspeist eine große Mahlzeit.

Seite 13: Die Rauchwolken müssen weiß sein.

Seite 15: Stoppelbart hat vor den Menschenfressern Angst.

Seite 17: Stoppelbart will ins Schwimmbad.

Seite 19:

Seite 21: Tee, Wäsche, Schuhe, Pirat, alte Tante, Schatz.

Seite 23:

Seite 25: Eine Spinne erschreckt Stoppelbart.

Seite 27: Dieser Satz ist falsch: Der Käpten hat Hunger.

Seite 29: In die Holztür ist ein Adler geschnitzt. Im Text steht aber, dass in die Tür ein Pfeil geschnitzt ist.

Seite 31: Der richtige Schlüssel hängt von der Decke herab.

Seite 33: Menschenfresser haben den Zettel geschrieben.

Seite 35:

Seite 37: Der Krieger, der den Handstand macht, hört nicht auf Stoppelbart.

Seite 39: Jetzt brauchen die Piraten etwas zu essen und Tee mit Kandiszucker.

Sabine Kalwitzki

Hexe Trixi lernt zaubern

Illustrationen von Christine Bietz

Inhalt

Hexengeburtstag

Trixi sitzt auf dem Schornstein
des kleinen Hexenhäuschens
und wartet aufgeregt.
Ihr Herz klopft laut.
Denn heute ist Trixis
siebter Hexengeburtstag.

Wie alle kleinen Hexen
bekommt sie an diesem Tag
ihren Zauberring.
Damit kann sie alles zaubern,
was sie sich wünscht.

LESE-RÄTSEL

Findest du Trixis Geburtstagstorte?
Kreise sie ein.

„Du darfst jetzt kommen!“,
ruft die Hexenmama
aus dem Hexenhäuschen.
Wie der Wind saust Trixi
durch den Schornstein
in die Hütte.

Feierlich geben Mama und Papa
Trixi einen Kuss.
Auf der Krempe von Papas Hut
brennen sieben Kerzen.
Und Mama hat
zur Feier des Tages
ihren Spinnwebenschleier an.

LESE-RÄTSEL

Wer hat den Schleier der Hexenmama gewebt?
Kreuze das richtige Tier an.

Das Geschenk

Papa zeigt Trixi drei Päckchen.
„Du musst selbst herausfinden,
in welchem Päckchen
der Zauberring ist“, sagt er.
„Nur dann gehört er dir.“

Trixi geht auf Papa zu.
Sie hält ihre Hände
über die drei Päckchen
und überlegt nicht lange.
„Das kleine rote ist ganz warm.
Das nehme ich!“, strahlt Trixi.

Welches Päckchen sucht sich Trixi aus?
Kreise es ein.

In dem Päckchen liegt
auf rotem Samt
ein goldener Ring.
Sein roter Stein funkelt.
Sofort probiert Trixi
den Zauberring aus.

„Es ist so heiß, ich möchte Eis!“,
sagt sie zu ihrem Ring.
Da saust es und braust es,
und es regnet Eiswürfel.
„O nein!“, schreit Trixi.
„Doch keine Eiswürfel!
Da friere ich ja!“

Was wollte Trixi zaubern?
Male unten das richtige Bild aus.

Hexen ist schwer!

Da saust es und braust es,
und Trixi hat plötzlich
einen dicken Wintermantel an.
„So doch nicht!“, schreit Trixi.
„Das ist doch viel zu warm!“
Sie ist verzweifelt.

Papa und Mama lachen.
„Den richtigen Zauberspruch
lernst du in der Hexenschule.
Weil du nun sieben Jahre bist,
darfst du dort hingehen.“

LESE-RÄTSEL

In welche Schule darf Trixi gehen?
Unterstreiche das richtige Wort.

Schwimmschule

Hexenschule

Zirkusschule

Reitschule

Mit dem Hexenbesen fliegt Trixi
am nächsten Morgen
zu der alten Eiche
am schwarzen Moorweiher.
Dort ist die Hexenschule.

Den Besen hat Trixi
zum Geburtstag bekommen.
Fliegen ist sehr schwer!
Der Besen will Trixi
einfach nicht richtig gehorchen.
Wenn sie nur den passenden
Zauberspruch schon wüsste!
Trixi landet in der Baumkrone.

Was passiert zuerst, was danach?
Male die Zeichen in der richtigen Reihenfolge
in die Kästchen.

☾ Der Besen will Trixi nicht gehorchen.

♥ Trixi landet in der Baumkrone.

★ Trixi fliegt zur alten Eiche.

Neue Freunde

Unter der alten Eiche
stehen drei Hexenkinder.
Sie kichern, als Trixi
den Baum herunterklettert.
Trixi grinst und zupft sich
ein paar Blätter aus den Haaren.

„Hallo, ich bin Trixi!“, sagt sie.
„Wir haben dich schon erwartet!“,
lacht ein Junge
mit grünen Strubbelhaaren
und lustigen Sommersprossen.

Der Junge mit den grünen Haaren heißt Flip.
Schreibe ihm seinen Namen auf den Pulli.

Neugierig starrt Trixi
die grünen Haare des Jungen an.
„Was ist denn mit dir passiert?“,
will sie wissen.
„Falscher Zauberspruch!“,
kichert der Junge.
„Ich wollte mich eigentlich
in einen Frosch verwandeln.
Übrigens, ich bin Flip.
Und das hier sind
Nele und Zottel.“

Nele hat einen Feuersalamander.
Zottel hat eine Spinne.

In welches Tier wollte sich Flip verwandeln?
Kreise es ein.

In der Hexenschule

In diesem Moment
flattert eine Eule vorbei
und stößt einen schrillen Schrei aus.
Flip beruhigt Trixi:
„Das ist nur unser Zeichen!
Jetzt beginnt die Hexenschule."

Flip tippt an einen Felsen,
und der Fels öffnet sich sofort.
Hier ist der Eingang zur Hexenschule.
Trixi steigt mit den anderen
in die Höhle hinunter.

LESE-RÄTSEL

Ordne die Bilder. Schreibe die Zahlen 1, 2 und 3 in die richtigen Sterne.

In der Höhle gibt es einen großen,
dampfenden Hexenkessel.
Er leuchtet grün und unheimlich.
Kleine bunte Flaschen
mit Zaubertrank stehen daneben.
Viele Hexenkinder
warten auf die Oberhexe.

Trixi setzt sich neben Nele.
Nele ist aufgeregt und
knabbert an ihrem Finger.
„Lass das! Du weißt doch,
die Oberhexe mag das nicht!“,
zischt Zottel Nele zu.

LESE-RÄTSEL

Streiche die beiden falschen Sätze durch.

In den Flaschen ist Zaubertrank.

Der Hexenkessel leuchtet rot.

Trixi nimmt den Finger in den Mund.

Die Oberhexe

Da blitzt und donnert es.
Über den Köpfen der Kinder
braust auf einem Besen
die Oberhexe daher.

„Hallo, ihr kleinen Ratten!“,
kreischt sie mit schriller Stimme.
Die Oberhexe sieht gruselig aus.
Sie hat wilde Haare,
eine Hakennase und
lange, knochige Finger.
Ihre Augen funkeln unheimlich.

LESE-RÄTSEL

Schau dir das Bild genau an. Was ist anders gemalt, als es im Text beschrieben ist? Kreise den Fehler ein.

„Zeigt mir, was ihr
gestern gelernt habt!“,
befiehlt die Oberhexe streng.
Leise murmeln die Hexenkinder
einen Zauberspruch
und verwandeln sich
in weiße Mäuse.
Trixi staunt.

„Jetzt erhebt euch in die Lüfte!“,
fordert die Oberhexe.
Murmelnd verwandeln sich
die Hexenkinder in Raben
und flattern durch die Höhle.

LESE-RÄTSEL

In welche Tiere verwandeln sich die Kinder?
Male die beiden richtigen Bilder aus.

Trixis Zauberspruch

Jetzt hebt die Oberhexe die Hand.
Alle Raben bilden einen großen Kreis
und setzen sich dann
um die Oberhexe herum.

„Nun bist du dran, Trixi!“,
spricht die Oberhexe feierlich.
Sie sieht genauso streng aus
wie auf dem Bild an der Wand.
Trixi wird es ganz mulmig.
Mit wackeligen Knien
geht sie auf die Oberhexe zu.

LESE-RÄTSEL

Welche beiden Wörter fehlen?
Lies nach, und ergänze richtig.

ie Oberhexe sieht sehr ____________ aus.

rixi geht mit wackeligen Knien

uf die ____________________ zu.

„Kleine Hexe Trixi“,
flüstert die Oberhexe geheimnisvoll.
„Dies ist ab heute dein Zauberspruch.
Sprich ihn nach:
Simsalabra Hokusbim!“
Mit zitternder Stimme flüstert Trixi:
„Simsalabra Hokusbim.“

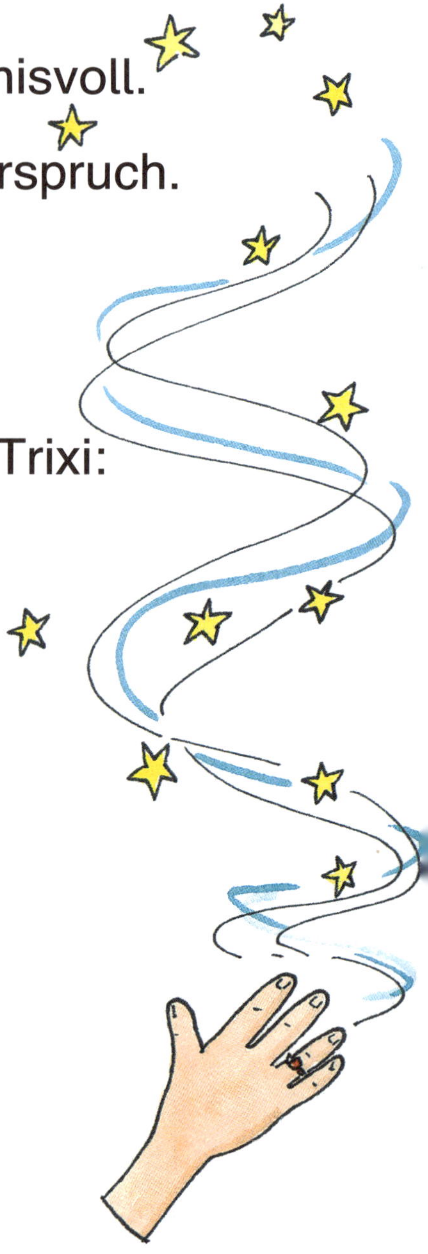

Da glitzert Trixis Zauberring
und beginnt zu zaubern.
Er verwandelt alle Raben
sofort wieder in Hexenkinder.
Jetzt weiß Trixi endlich,
wie sie richtig zaubern kann.

LESE-RÄTSEL

Wie heißt Trixis Zauberspruch?
Schreibe seine Buchstaben farbig nach.

Flugübungen

Die Oberhexe klopft
Trixi auf den Rücken.
„Gut gemacht, Trixi!
Nun bist du meine Hexenschülerin!"

An ihrem ersten Tag
als Zauberhexe lernt Trixi,
wie man sehr elegant
auf einem Besen fliegt.
Die Oberhexe fliegt voraus.
Ihr Besen qualmt wie ein Auto-Auspuff.
Alle Hexenkinder fliegen hinterher.

LESE-RÄTSEL

Was fehlt auf dem Bild? Male es dazu.

„Nele, was machst du denn
schon wieder für Unsinn?“,
schreit die Oberhexe plötzlich.
Nele hat ihren Zauberspruch
aus Versehen rückwärts gesprochen.
Nun hängt sie unter ihrem Besen
und klammert sich ängstlich fest.

„Das kommt, weil du beim Zaubern
immer den Finger im Mund hast!“,
kreischt die Oberhexe.
„Und du, Zottel, lass endlich
deine Schmusedecke los!
Das bremst beim Fliegen!“

LESE-RÄTSEL

Welcher Satz passt zur Geschichte?

Male einen kleinen Besen in das richtige Kästchen.

☐ Nele hängt unter ihrem Besen.

☐ Nele sitzt rückwärts auf dem Besen.

☐ Zottel hängt unter seinem Besen.

Überraschung!

Flip schnipst mit dem Finger,
und schon fliegen Nele und Zottel
ordentlich hinter der Oberhexe her.
„Super, Flip! Vielen Dank!“,
flüstern Nele und Zottel erleichtert.

„Simsalabra Hokusbim!“,
flüstert Trixi die ganze Zeit.
Weil sie nun endlich
den richtigen Zauberspruch weiß,
gehorcht ihr der Besen ganz brav.
„Krötengut, Trixi!“, lobt die Oberhexe.

LESE-RÄTSEL

Wer rettet Nele und Zottel?

Schreibe hier den richtigen Namen auf.

„Weil du so gelehrig bist, Trixi,
habe ich für dich
noch eine Überraschung!“,
sagt die Oberhexe.
Sie schnipst mit dem Finger.
Da springt ein kleines Kätzchen
in Trixis Arme.
Es hat rotes Fell und grüne Augen.

„Das ist von nun an dein Kater“,
erklärt die Oberhexe.
„Er hat Zauberkräfte
und wird dich beschützen.“
Trixi freut sich.

LESE-RÄTSEL

Welches Kätzchen gehört Trixi?
Male ihm eine Schleife um den Hals.

Zauberhexe Trixi

„Ganz große Klasse, Trixi!
Nun bist du wirklich
eine richtige Zauberhexe!“,
freuen sich Flip, Zottel und Nele.

Glücklich streichelt Trixi
den kleinen Kater.
„Ich werde dich Coco nennen!“,
sagt Trixi zärtlich.
Und der kleine Kater
schmiegt sich an sie
und schnurrt zufrieden.

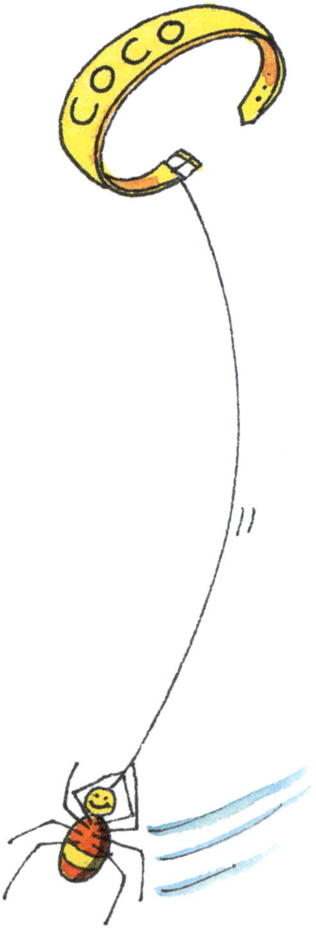

LESE-RÄTSEL

Wie heißt Trixis Kater?

Schreibe seinen Namen auf das Halsband.

Lösungen

Seite 43: Trixis Geburtstagstorte steht auf dem Fensterbrett.

Seite 45: Die Spinne hat den Schleier der Hexenmama gewebt.

Seite 47: Trixi sucht sich das rote Päckchen aus.

Seite 49: Trixi wollte eine Tüte Eis herbeizaubern.

Seite 51: Trixi darf zur Hexenschule gehen.

Seite 53:

Seite 57: Flip wollte sich in einen Frosch verwandeln.

Seite 59:

Seite 61: Diese beiden falschen Sätze streichst du durch:
Der Hexenkessel leuchtet rot.
Trixi nimmt den Finger in den Mund.

Seite 63: Die Hexe im Bild hat keine Hakennase, sondern eine sehr spitze Nase.

Seite 65: Die Kinder verwandeln sich in Mäuse und Raben.

Seite 67: Die Oberhexe sieht sehr *streng* aus.
Trixi geht mit wackeligen Knien auf die *Oberhexe* zu.

Seite 69: Trixis Zauberspruch heißt: Simsalabra Hokusbim.

Seite 71: Auf dem Bild fehlt der Qualm aus dem Besen der Oberhexe.

Seite 73: Richtig ist dieser Satz:
Nele hängt unter ihrem Besen.

Seite 75: Flip rettet Nele und Zottel.

Seite 77: Trixis Kätzchen ist das dritte von links.

Seite 79: Trixis Kater heißt COCO.

Sabine Kalwitzki

Die Suche nach dem Ritterschatz

Illustrationen von Peter Nieländer

Inhalt

Der Goldraub

Benno zieht Leo die Bettdecke weg.
„Aufwachen, du Schlafmütze!",
ruft er aufgeregt.
„Du wirst nicht glauben,
was geschehen ist!
Ritter Tasso ist beraubt worden!"

Müde reibt sich Leo die Augen.
Gerade hat er noch so schön geträumt!
„Was ist denn gestohlen worden?",
murmelt Leo verschlafen.
„Das ganze Gold!", schreit Benno.

LESE-RÄTSEL

Wovon erzählt Benno?

Male das richtige Bild farbig aus.

Mit einem Schlag ist Leo hellwach.
„Ritter Tasso? Das ganze Gold?
So eine Gemeinheit!"

Leo und Benno sind Pagen
bei Ritter Tasso auf Burg Fürsteneck.
Bei ihm lernen sie alles,
was sie später als Ritter können müssen.
Und nun hat man Ritter Tasso beraubt!
Die beiden Pagen beschließen,
ihrem Herrn zu helfen.
„Na warte, du gemeiner Golddieb,
wir werden dich kriegen!",
rufen die beiden Ritterjungen.

Wem möchten Leo und Benno helfen?

Kreuze das richtige Bild an, und ergänze den Satz.

Leo und Benno möchten ______________________ helfen.

Spurensuche

Ob der Dieb noch in der Burg ist?
Leo und Benno beraten sich.
„Lass uns zuerst zur Goldkammer gehen“,
schlägt Leo vor.
„Mit etwas Glück finden wir dort
einen Hinweis auf den Schurken!“

Die beiden steigen in den Keller hinab.
Hinter einer mächtigen Holztür
liegt die Schatzkammer der Burg.
Brennende Fackeln tauchen alles
in unheimliches Flackerlicht.

Lese-Rätsel

Was stimmt auf diesem Bild nicht?
Streiche den Fehler durch.

Aufmerksam untersuchen Leo und Benno die leer geraubte Schatzkiste.

„Nicht ein einziger Kratzer!“, wundert sich Benno.

„Dann hatte der Dieb einen Schlüssel!“, kombiniert Leo.

Da entdeckt Benno einen Goldknopf.
Er liegt direkt neben der Schatztruhe.
Aufgeregt betrachtet er seinen Fund.
„Ich wette, der Knopf gehört dem Dieb!“, jubelt Benno begeistert.
Er steckt das Beweisstück schnell in seine Tasche.

Was hat Benno neben der Schatztruhe gefunden?
Kreise es ein.

Verfolgungsjagd

Plötzlich hören die beiden Pagen
ein seltsames Geräusch.
Erschrocken blicken sie sich um.
Durch den schmalen Türspalt
erkennen sie einen schwarzen Schatten.
Jemand beobachtet sie!
Leo schreit laut auf.
Da verschwindet der Schatten.

Mutig verfolgen die Pagen die Gestalt.
Doch in den dunklen Gängen
verlieren sie schnell ihre Spur.

LESE-RÄTSEL

Welcher Satz ist richtig?
Unterstreiche ihn in deiner Lieblingsfarbe.

Die Pagen hören seltsame Musik.

Durch den Türspalt erkennen sie einen Schatten.

Leo schreit leise auf.

Leo und Benno wollen nicht aufgeben.
„Wir klettern auf die große Kastanie“,
schlägt Benno vor.
„Von dort können wir unbemerkt
die Burgbewohner beobachten.“
Benno ist sich sicher:
Einer von ihnen muss der Golddieb sein.

Die dichten, grünen Blätter
sind ein gutes Versteck.
Niemand bemerkt die beiden Pagen.
Mägde, Wachen und Knappen
eilen über den Burghof.
Einige Ritter rüsten sich zur Jagd.

LESE-RÄTSEL

Wo stecken Leo und Benno?
Kreise die beiden farbig ein.

Geheime Nachricht

Ritter Fürchtebold reitet über den Hof.
Unter der Kastanie bleibt er stehen.
Nervös dreht er an den Goldknöpfen
seines seidenen Wamses.
Er sieht sich unauffällig um.
Dann steckt er ein Stück Papier
in ein hohles Astloch der Kastanie
und galoppiert eilig zum Burgtor hinaus.

Leo ist vor Schreck wie versteinert.
Aber Benno holt blitzschnell
das Papier aus dem Astloch.

LESE-RÄTSEL

Welche Früchte gehören zu dem Baum,
auf dem die Pagen sitzen?
Schreibe das richtige Wort auf die Schriftrolle.

„Eine geheime Nachricht!“, flüstert Leo.
„Schnell, sieh nach, bevor jemand kommt!“
Benno faltet den Zettel auf und liest vor:
„Heute Nacht am Moorweiher!“

Plötzlich nähert sich ein Wachmann.
Gerade noch rechtzeitig steckt Leo
die Nachricht wieder in das Astloch.
Leo und Benno halten den Atem an.
Doch der Wachmann bemerkt sie nicht.
Er holt das Papier aus dem Astloch
und steckt es hastig in seine Tasche.
Die Pagen nicken sich zu:
Eine heiße Spur!

LESE-RÄTSEL

Wo soll das Treffen stattfinden?
Kreuze das richtige Bild an.

Dunkle Gestalten

Dichter Nebel liegt über dem Moorweiher.
Leo und Benno schleichen heran
und kauern sich hinter einen Strauch.
Da löst sich ein Schatten
aus der Dunkelheit.
Es ist der Wachmann.
Auch Ritter Fürchtebold erscheint.

„Hier ist dein Lohn!“, sagt Fürchtebold.
„Tasso hat nicht einmal gemerkt,
dass du den Schlüssel zur Goldkammer
gestohlen hast. Gute Arbeit!“

LESE-RÄTSEL

Welche Wörter fehlen?

Lies nach, und ergänze die Sätze richtig.

Dichter ____________ liegt über dem Moorweiher.

Leo und Benno kauern sich hinter einen ____________ .

Der Wachmann hat den ____________ zur Goldkammer gestohlen.

Ritter Fürchtebold wirft dem Wachmann
ein kleines, schweres Säckchen zu.
Der Wachmann nimmt etwas heraus
und beißt prüfend darauf.

„Lass das, du Esel! Das Gold ist echt!“,
knurrt Fürchtebold.

Dann tritt er dicht an die Wache heran.
„Hör zu! Ich brauche dich noch einmal!
Das Gold ist noch auf der Burg.
Wir müssen es unbemerkt fortschaffen.
Morgen beim Turnier ist es günstig.
In dem Trubel wird keiner etwas merken.“
Der Wachmann nickt: „Ja, Herr!“

Zu jedem Bild passt nur ein Satz.
Streiche jeweils den falschen Satz durch.

Ritter Fürchtebold wirft dem Wachmann ein Säckchen zu.
Ritter Fürchtebold wirft dem Wachmann ein Kissen zu.

Der Wachmann beißt prüfend auf das Gold.
Der Wachmann beißt prüfend auf den Schlüssel.

Morgen ist die Jagd.
Morgen ist das Turnier.

Das Turnier

Am nächsten Tag herrscht
buntes Treiben auf Burg Fürsteneck.
Ritter Tasso hat zum Turnier geladen.
An den Raub will er heute nicht denken.

Fröhlich versammeln sich die Gäste
auf dem Kampfplatz.
Mit langen, hölzernen Lanzen reiten
mutige Ritter aufeinander zu.
Leo und Benno bewundern
die stolzen Pferde und Reiter.
Heimlich werden sie dabei beobachtet.

LESE-RÄTSEL

Was stimmt hier nicht?
Kreise die beiden Fehler ein.

„Komm, die Gelegenheit ist günstig!“,
flüstert Leo seinem Freund Benno zu.
„Lass uns in Fürchtebolds Zimmer
nach dem gestohlenen Gold suchen.“
Im Zimmer des Ritters angekommen,
durchstöbern sie Truhen und Schränke.
Sie suchen sogar unter dem Bett.
Nichts zu finden!

„Ja, wen haben wir denn da!“,
ertönt plötzlich Fürchtebolds Stimme.
Er packt die Pagen am Kragen
und zieht sie unter dem Bett hervor.
Starr vor Schreck bleiben sie stehen.

LESE-RÄTSEL

Was passiert zuerst, was danach?
Ordne die Bilder, und schreibe die Zahlen von 1 bis 3 in der richtigen Reihenfolge in die Kästchen.

Gefangen!

„Zwei kleine Schnüffler, sieh an!“,
schnaubt Fürchtebold.
„Ihr haltet euch wohl für sehr schlau!
Aber mir kommt keiner in die Quere!
Bis ihr euren Herrn warnen könnt,
bin ich schon längst über alle Berge.“

Fürchtebold lacht grimmig.
„Kein Mensch wird ahnen,
welch kostbare Fracht
noch heute durch das Burgtor rollt.
Einen Heuwagen wird niemand aufhalten!“

Wie versucht Ritter Fürchtebold, das Gold aus der Burg zu schaffen? Kreuze das richtige Bild an.

Ehe Benno und Leo sich wehren können,
hat Fürchtebold die beiden eingesperrt.
„So ein Mist!“, ärgert sich Benno.
„Er wird entkommen! Mit dem Gold!“

Leo bleibt ganz ruhig.
„Wir müssen Tasso warnen“, sagt er.
„Denk nach! Wie kommen wir hier raus?“
Benno überlegt und überlegt.
Da fällt sein Blick auf das Fenster.
Rote Rosen ranken bis ins Zimmer hinein.
Er läuft zum Fenster und schaut hinunter.
„Ich hab’s!“, schreit Benno aufgeregt.
„Wir klettern das Rosenspalier hinunter!“

LESE-RÄTSEL

Welche Farbe haben die Rosen?
Male sie in der richtigen Farbe an.

Fluchtversuch

Vorsichtig steigen Benno und Leo
am Rosenspalier hinab.
Die Dornen reißen Löcher in ihre Hosen,
aber sie lassen sich nicht aufhalten.

Endlich unten angekommen,
laufen die beiden, so schnell sie können,
zu Ritter Tasso, ihrem Herrn.
„Herr, wir haben den Golddieb gefunden!“,
ruft Leo ganz außer Atem.
„Er will mit Eurem Goldschatz fliehen!“
Erstaunt hört Tasso seinen Pagen zu.

Ordne die Bilder, und schreibe die Zahlen von 1 bis 4 in der richtigen Reihenfolge in die Kästchen.

Ritter Tasso handelt sofort.
Er verstärkt die Wachen an der Zugbrücke, damit Fürchtebold die Burg nicht ungehindert verlassen kann.
Dann versteckt sich Tasso mit Leo und Benno hinter dem Burgtor.

Da kommt auch schon Ritter Fürchtebold, und hinter ihm ein Heuwagen.
„Gott zum Gruße!", winkt Fürchtebold.
„Absteigen!", befehlen die Wachen und durchsuchen den Heuwagen.
„Welch unhöfliches Benehmen!", beschwert sich Ritter Fürchtebold.

Welche Wörter gehören in die Kästchen?
Lies im Text nach, und trage sie richtig ein.

Der Beweis

Es dauert nicht lange,
und die Wachen finden
den versteckten Goldschatz im Heu.
„Wohin des Weges, Freund?“, fragt Tasso,
der aus seinem Versteck hervortritt.

Fürchtebold wird blass um die Nase.
Nervös fingert er an seinen Knöpfen.
„Ich weiß gar nicht, was Ihr wollt!“,
erwidert er mit unschuldigem Blick.
„Ach, nein? Und wie kommt mein Gold
auf Euren Wagen?“, fragt Ritter Tasso.

LESE-RÄTSEL

Was finden die Wachen im Heu?
Kreuze das richtige Bild an.

„Was für Gold? Und wieso mein Wagen?“
Fürchtebold reißt erstaunt die Augen auf.

„Er hat das Gold geraubt!“, schreit Leo
und rennt auf Tasso und Fürchtebold zu.
„Du kannst mir gar nichts beweisen!“,
zischt Fürchtebold böse.
„Abwarten!“, grinst Benno
und greift in seine Jackentasche.
Langsam geht er auf Fürchtebold zu.
„Diesen Goldknopf haben wir
in der Schatzkammer gefunden.
Seht nur, Herr, er passt genau
an Fürchtebolds Jacke!“

Welcher Satz passt nicht zum Text?
Streiche ihn durch.

Fürchtebold reißt erstaunt die Augen auf.

Benno greift in seine Jackentasche.

Diesen Hut haben wir in der Schatzkammer gefunden.

Burgfest

Ritter Fürchtebold wird festgenommen.
Und sein Helfer, der untreue Wachmann,
wird von der Burg gejagt.

Ausgelassen feiern die Bewohner der Burg
ihre mutigen Helden.
„Bravo, Leo! Bravo, Benno!“,
rufen sie immer wieder.

Und Ritter Tasso schenkt beiden
einen Ritterorden aus purem Gold.
Leo und Benno strahlen um die Wette.
Jetzt sind sie beinahe richtige Ritter!

LESE-RÄTSEL

Was rufen die Bewohner der Burg den Pagen zu?
Male das richtige Wort farbig aus.

Lösungen

Seite 83: Benno erzählt vom geraubten Gold.

Seite 85: Leo und Benno möchten *Ritter Tasso* helfen.

Seite 87: In den Kellern von Burg Fürsteneck gibt es noch keine Lampen mit Glühbirnen.

Seite 89: Benno hat einen Goldknopf gefunden.

Seite 91: Der richtige Satz lautet: Durch den Türspalt erkennen sie einen Schatten.

Seite 93: Hier stecken die beiden Pagen:

Seite 95: Leo und Benno sitzen auf einem Kastanienbaum. Also gehören die *Kastanien* zu dem Baum.

Seite 97: Das Treffen soll in der Nacht am Moorweiher stattfinden.

Seite 99: Dichter *Nebel* liegt über dem Moorweiher.
Leo und Benno kauern sich hinter einen *Strauch*.
Der Wachmann hat den *Schlüssel* zur Goldkammer gestohlen.

Seite 101: Diese Sätze sind richtig:
Ritter Fürchtebold wirft dem Wachmann ein Säckchen zu.
Der Wachmann beißt prüfend auf das Gold.
Morgen ist das Turnier.

Seite 103: Das stimmt nicht:
Ein Ritter hat statt einer hölzernen Lanze einen Besen in der Hand.
Ein Ritter reitet statt auf einem Pferd auf einem Bullen.

Seite 105: Das ist die richtige Reihenfolge:

Seite 107: Fürchtebold versucht, das Gold auf einem Heuwagen aus der Burg zu schaffen.